소원성취를 위한 진언

운주사

머리말

진언眞言은 '거룩하고 참된 말'이라는 뜻으로 산스크리트어 만트라mantra를 번역한 것이다. 주呪, 신주神呪라고도 번역한다. 진언을 다라니dharani라고도 하는데, 다라니는 '모든 선함을 기억하여 지니고, 모든 악함을 일어나지 않게 막는다'는 의미로 총지總持, 능지能持, 능차能遮라 번역하기도 한다.

불교에서 진언은 수행의 한 방편으로 매우 중요시하였는데, 진언을 반복해서 외우거나, 진언 자체를 관하는 명상을 하거나, 정성껏 받아쓰는 등의 수행을 통하여 물질적·정신적 장해들을 극복하며, 마음을 정화하고 지혜를 얻어 궁극에는 깨달음에 도달하게 된다고 보았다.

진언 수행의 가장 일반적인 형태는 이를 반복해서 외우는 것이다. 외우는 방법에는 입으로 외우는 방법과 이를 정성껏 받아쓰며 외우는 방법이 있다. 다만 진언 사경은 입으로 외우는 것보다 시간이 더 걸린다는 점이 다르다. 그만큼 사경은 입으로 외우는 것보다 정성과 노력을 더 필요로 하는 수행인 것이다.

사경이란

사경은 부처님의 말씀을 옮겨 쓰는 것으로, 기도 수행의 한 방법이다. 즉 사경은 몸과 마음을 정갈히 가다듬고 부처님 말씀을 한 자 한 자 정성껏 옮겨 쓰는 수행 과정을 통해 불보살님의 가피를 받아 신심과 원력이 증장하고 바라는 소원이 성취되며, 늘 기쁨이 충만한 삶을 살다가 목숨을 마치고는 극락왕생하는 데 그 목적이 있다.

사경의 의의

부처님의 말씀은 경전을 통하여 우리에게 전해지고 있다. 따라서 경전의 말씀은 단순한 글자가 아니라 부처님이 깨달으신 진리를 상징하고 있다. 진리 자체는 문자로 나타낼 수 없지만 문자를 떠나서도 진리를 전하기 어렵다. 그러므로 경전에 쓰인 문자는 부처님께서 중생들을 진리로 인도하시려는 자비심의 상징이기도 하다.

사경을 통하여 우리는 부처님의 말씀을 보다 차분하게 깊이 이해할 수 있을 뿐 아니라, 정성을 다하여 사경하는 행위 그 자체가 훌륭한 수행이 된다는 사실을 알아야 한다. 그래서 옛 수행자들은 자신의 피로 사경을 하기도 하고, 한 글자를 쓸 때마다 삼배의 예를 올리기도 하였던 것이다.

이와 같이 사경은 부처님 말씀을 이해하고 자신의 마음을 맑히는 훌륭한 수행이자, 스스로의 정성을 부처님께 공양 올리는 거룩한 불사佛事라고 할 수 있다.

진언 사경의 공덕

부처님께서는『법화경』,『반야경』등 여러 경전에서 사경의 공덕이 매우 수승하다고 말씀하신다. 예컨대 사경의 공덕은 무수한 세월 동안 부처님께 재물을 보시한 공덕보다 뛰어나고 탑을 조성하는 공덕보다 수승하다는 것 등이다. 진언(다라니) 사경에는 다음과 같은 공덕이 있다.

1. 몸과 마음이 평안해지고 신심과 지혜가 증대된다.
2. 현세를 살아가며 마주치는 모든 재난을 이겨내고 삿된 기운을 물리친다.
3. 전생부터 지금까지 지은 모든 업장이 소멸된다.
4. 바라는 바를 원만하게 성취할 수 있다.
5. 부처님 가르침을 기억하여 잊지 않게 되고, 기억력이 좋아져 머리가 총명해진다.

6. 마음이 편안하고 안정되어 부처님 마음과 감응하여 삼매를 성취할 수 있다.

7. 모든 불자들이 바라는 깨달음을 빨리 얻을 수 있다.

8. 하는 일이 잘되며, 어려운 일이 해결된다.

9. 현실의 물질적, 정신적 어려움이 사라진다.

10. 맺힌 원결들이 풀어지고 주변에 좋은 인연들이 모여든다.

11. 불보살님이 항상 가피해 주신다.

12. 선망 조상들과 인연 있는 이들뿐 아니라 스스로도 극락왕생한다.

13. 늘 기쁘고 행복하며, 자비심이 생겨 만나는 이들에게도 행복을 전해 준다.

사경하는 순서

다음은 사경을 하는 일반적인 순서이다. 하지만 오로지 진실한 마음이 중요한 것이니, 크게 구애받지 말고 상황에 따라 적절히 실행하면 된다.

1. 몸과 마음을 정갈히 가다듬는다.

2. 사경할 준비를 하고 초를 켜거나 향을 피운다.

3. 3배를 올리고 사경 발원문을 봉독한다.

4. 개인적인 발원을 올린다.

5. 정성껏 사경을 한다.(1자1배, 1자3배를 하기도 한다)

6. 모든 공덕을 중생들에게 회향하는 보회향진언으로 사경을 마무리한다.

7. 3배를 올리고 마친다.

＊사경을 처음 시작할 때 언제까지 몇 번을 쓰겠다고 불보살님께 약속하고 시작하는 것이 좋다. 도중에 나태해지거나 그만 두는 것을 예방할 수 있기 때문이다. 1,000번, 3,000번, 10,000번 등 자신의 신심에 따라 발원하면 된다.

사경 발원문

참 진리의 고향이시자 중생을 구원하시는 대자대비하신 부처님!

시작 없는 전생에서부터 오늘에 이르기까지 제가 지은 모든 죄업을 부처님 전에 참회하나이다.

제가 이제 몸과 말과 뜻으로 부처님께 지극한 마음으로 귀의하며 사경의식을 봉행하오니, 이 인연 공덕으로 살아 있는 모든 생명의 행복과 해탈을 축원하옵니다. 또한 저와 인연 있는 이들이 다생겁래로 지어온 모든 업장이 소멸되고 바라는 모든 발원이 원만히 성취되게 하시어 감사하고 행복한 삶을 살다가, 끝내는 깨달음의 문을 열게 해주소서. 또한 선망 조상님과 여러 인연 있는 영가들이 극락왕생하여 영원한 행복을 누리게 하소서!

개인 발원문 (각자 바라는 발원을 적고 읽는다.)

불기   년   월   일

사경 제자 _____ 공경 합장

소원성취를 위한 진언

『소원성취를 위한 진언』은 중생이 일생을 살아가면서 바라는 유형 무형의 모든 일들이 원만히 이루어지기를 바라는 간절한 마음을 담은 진언이다.

　모든 소원을 이루어 주는「대원성취大願成就진언」, 원하는 대로 이루어지는「수구隨求진언」, 중생을 구원해 주시는 관세음보살님의「준제準提진언」, 「관자재보살 여의륜주如意輪呪」를 지성으로 사경하면 불보살님의 가피를 입어 원하는 선한 일들을 원만히 성취할 수 있을 것이다.

대원성취大願成就진언

옴 아모카 살바다라 사다야 시베 훔

수구隨求진언

옴 바아라 다도바아라 소다라 반자 락가라 미다니나
훔다

준제準提진언

나모 사다남 삼먁삼못다 구치남 다냐타 옴 자례주례
준제 사바하 부림

관자재보살 여의륜주如意輪呪

나모 못다야 나모 달마야 나모 승가야 나무 아리야
바로기제 사라야 모지사다야 마하사다야 사가라 마
하가로 니가야 하리다야 만다라 다냐타 가가나 바라
지진다 마니 마하무다레 루로루로 지따 하리다에 비
사예 옴 부다나 부다니 야등

대원성취大願成就진언

옴 아모카 살바다라 사다야 시베 훔

옴 아모카 살바다라 사다야 시베 훔
옴 아모카 살바다라 사다야 시베 훔
옴 아모카 살바다라 사다야 시베 훔

옴 아모카 살바다라 사다야 시베 훔
옴 아모카 살바다라 사다야 시베 훔
옴 아모카 살바다라 사다야 시베 훔
옴 아모카 살바다라 사다야 시베 훔
옴 아모카 살바다라 사다야 시베 훔

옴 아모카 살바다라 사다야 시베 훔
옴 아모카 살바다라 사다야 시베 훔
옴 아모카 살바다라 사다야 시베 훔
옴 아모카 살바다라 사다야 시베 훔
옴 아모카 살바다라 사다야 시베 훔

013

옴 아모카 살바다라 사다야 시베 훔
옴 아모카 살바다라 사다야 시베 훔
옴 아모카 살바다라 사다야 시베 훔
옴 아모카 살바다라 사다야 시베 훔
옴 아모카 살바다라 사다야 시베 훔

옴 아모카 살바다라 사다야 시베 훔
옴 아모카 살바다라 사다야 시베 훔
옴 아모카 살바다라 사다야 시베 훔
옴 아모카 살바다라 사다야 시베 훔
옴 아모카 살바다라 사다야 시베 훔

옴 아모카 살바다라 사다야 시베 훔
옴 아모카 살바다라 사다야 시베 훔
옴 아모카 살바다라 사다야 시베 훔
옴 아모카 살바다라 사다야 시베 훔
옴 아모카 살바다라 사다야 시베 훔

옴 아모카 살바다라 사다야 시베 훔

옴 아모카 살바다라 사다야 시베 훔

옴 아모카 살바다라 사다야 시베 훔

옴 아모카 살바다라 사다야 시베 훔

옴 아모카 살바다라 사다야 시베 훔

옴 아모카 살바다라 사다야 시베 훔

옴 아모카 살바다라 사다야 시베 훔

옴 아모카 살바다라 사다야 시베 훔

옴 아모카 살바다라 사다야 시베 훔

옴 아모카 살바다라 사다야 시베 훔

옴 아모카 살바다라 사다야 시베 훔

옴 아모카 살바다라 사다야 시베 훔

옴 아모카 살바다라 사다야 시베 훔

옴 아모카 살바다라 사다야 시베 훔

옴 아모카 살바다라 사다야 시베 훔

043

옴 아모카 살바다라 사다야 시베 훔
옴 아모카 살바다라 사다야 시베 훔
옴 아모카 살바다라 사다야 시베 훔
옴 아모카 살바다라 사다야 시베 훔
옴 아모카 살바다라 사다야 시베 훔

옴 아모카 살바다라 사다야 시베 훔
옴 아모카 살바다라 사다야 시베 훔
옴 아모카 살바다라 사다야 시베 훔
옴 아모카 살바다라 사다야 시베 훔
옴 아모카 살바다라 사다야 시베 훔

옴 아모카 살바다라 사다야 시베 훔
옴 아모카 살바다라 사다야 시베 훔
옴 아모카 살바다라 사다야 시베 훔
옴 아모카 살바다라 사다야 시베 훔
옴 아모카 살바다라 사다야 시베 훔

옴 아모카 살바다라 사다야 시베 훔

옴 아모카 살바다라 사다야 시베 훔

옴 아모카 살바다라 사다야 시베 훔

옴 아모카 살바다라 사다야 시베 훔

옴 아모카 살바다라 사다야 시베 훔

옴 아모카 살바다라 사다야 시베 훔

옴 아모카 살바다라 사다야 시베 훔

옴 아모카 살바다라 사다야 시베 훔

옴 아모카 살바다라 사다야 시베 훔

옴 아모카 살바다라 사다야 시베 훔

옴 아모카 살바다라 사다야 시베 훔

옴 아모카 살바다라 사다야 시베 훔

옴 아모카 살바다라 사다야 시베 훔

옴 아모카 살바다라 사다야 시베 훔

옴 아모카 살바다라 사다야 시베 훔

옴 아모카 살바다라 사다야 시베 훔

옴 아모카 살바다라 사다야 시베 훔
옴 아모카 살바다라 사다야 시베 훔
옴 아모카 살바다라 사다야 시베 훔
옴 아모카 살바다라 사다야 시베 훔
옴 아모카 살바다라 사다야 시베 훔

옴 아모카 살바다라 사다야 시베 훔
옴 아모카 살바다라 사다야 시베 훔
옴 아모카 살바다라 사다야 시베 훔
옴 아모카 살바다라 사다야 시베 훔
옴 아모카 살바다라 사다야 시베 훔

옴 아모카 살바다라 사다야 시베 훔
옴 아모카 살바다라 사다야 시베 훔
옴 아모카 살바다라 사다야 시베 훔
옴 아모카 살바다라 사다야 시베 훔
옴 아모카 살바다라 사다야 시베 훔

088

옴 아모카 살바다라 사다야 시베 훔
옴 아모카 살바다라 사다야 시베 훔
옴 아모카 살바다라 사다야 시베 훔
옴 아모카 살바다라 사다야 시베 훔
옴 아모카 살바다라 사다야 시베 훔

옴 아모카 살바다라 사다야 시베 훔
옴 아모카 살바다라 사다야 시베 훔
옴 아모카 살바다라 사다야 시베 훔
옴 아모카 살바다라 사다야 시베 훔
옴 아모카 살바다라 사다야 시베 훔

옴 아모카 살바다라 사다야 시베 훔
옴 아모카 살바다라 사다야 시베 훔
옴 아모카 살바다라 사다야 시베 훔
옴 아모카 살바다라 사다야 시베 훔
옴 아모카 살바다라 사다야 시베 훔

103

옴 아모카 살바다라 사다야 시베 훔
옴 아모카 살바다라 사다야 시베 훔
옴 아모카 살바다라 사다야 시베 훔
옴 아모카 살바다라 사다야 시베 훔
옴 아모카 살바다라 사다야 시베 훔 *108*

보회향진언

옴 삼마라 삼마라 미만나 사라마
하 자가라바 훔

수구隨求진언

옴 바아라 다도바아라 소다라 반자 락가라
미다니나 훔다

옴 바아라 다도바아라 소다라 반
자 락가라 미다니나 훔다

옴 바아라 다도바아라 소다라 반
자 락가라 미다니나 훔다

옴 바아라 다도바아라 소다라 반
자 락가라 미다니나 훔다

옴 바아라 다도바아라 소다라 반
자 락가라 미다니나 훔다

옴 바아라 다도바아라 소다라 반
자 락가라 미다니나 훔다

옴 바아라 다도바아라 소다라 반
자 락가라 미다니나 훔다

옴 바아라 다도바아라 소다라 반
자 락가라 미다니나 훔다

옴 바아라 다도바아라 소다라 반
자 락가라 미다니나 훔다

옴 바아라 다도바아라 소다라 반
자 락가라 미다니나 훔다

옴 바아라 다도바아라 소다라 반
자 락가라 미다니나 훔다

옴 바아라 다도바아라 소다라 반
자 락가라 미다니나 훔다

옴 바아라 다도바아라 소다라 반
자 락가라 미다니나 훔다

옴 바아라 다도바아라 소다라 반
자 락가라 미다니나 훔다

013

18

옴 바아라 다도바아라 소다라 반
자 락가라 미다나나 훔다

옴 바아라 다도바아라 소다라 반
자 락가라 미다나나 훔다

옴 바아라 다도바아라 소다라 반
자 락가라 미다나나 훔다

옴 바아라 다도바아라 소다라 반
자 락가라 미다나나 훔다

옴 바아라 다도바아라 소다라 반
자 락가라 미다나나 훔다

옴 바아라 다도바아라 소다라 반
자 락가라 미다나나 훔다

옴 바아라 다도바아라 소다라 반
자 락가라 미다나나 훔다

옴 바아라 다도바아라 소다라 반
자 락가라 미다니나 훔다

옴 바아라 다도바아라 소다라 반
자 락가라 미다니나 훔다

옴 바아라 다도바아라 소다라 반
자 락가라 미다니나 훔다

옴 바아라 다도바아라 소다라 반
자 락가라 미다니나 훔다

옴 바아라 다도바아라 소다라 반
자 락가라 미다니나 훔다

옴 바아라 다도바아라 소다라 반
자 락가라 미다니나 훔다

옴 바아라 다도바아라 소다라 반
자 락가라 미다니나 훔다

옴 바아라 다도바아라 소다라 반
자 락가라 미다니나 훔다

옴 바아라 다도바아라 소다라 반
자 락가라 미다니나 훔다

옴 바아라 다도바아라 소다라 반
자 락가라 미다니나 훔다

옴 바아라 다도바아라 소다라 반
자 락가라 미다니나 훔다

옴 바아라 다도바아라 소다라 반
자 락가라 미다니나 훔다

옴 바아라 다도바아라 소다라 반
자 락가라 미다니나 훔다

옴 바아라 다도바아라 소다라 반
자 락가라 미다니나 훔다

034

옴 바아라 다도바아라 소다라 반
자 락가라 미다니나 훔다

옴 바아라 다도바아라 소다라 반
자 락가라 미다니나 훔다

옴 바아라 다도바아라 소다라 반
자 락가라 미다니나 훔다

옴 바아라 다도바아라 소다라 반
자 락가라 미다니나 훔다

옴 바아라 다도바아라 소다라 반
자 락가라 미다니나 훔다

옴 바아라 다도바아라 소다라 반
자 락가라 미다니나 훔다

옴 바아라 다도바아라 소다라 반
자 락가라 미다니나 훔다

옴 바아라 다도바아라 소다라 반
자 락가라 미다나나 훔다

옴 바아라 다도바아라 소다라 반
자 락가라 미다나나 훔다

옴 바아라 다도바아라 소다라 반
자 락가라 미다나나 훔다

옴 바아라 다도바아라 소다라 반
자 락가라 미다나나 훔다

옴 바아라 다도바아라 소다라 반
자 락가라 미다나나 훔다

옴 바아라 다도바아라 소다라 반
자 락가라 미다나나 훔다

옴 바아라 다도바아라 소다라 반
자 락가라 미다나나 훔다

옴 바아라 다도바아라 소다라 반
자 락가라 미다니나 훔다

옴 바아라 다도바아라 소다라 반
자 락가라 미다니나 훔다

옴 바아라 다도바아라 소다라 반
자 락가라 미다니나 훔다

옴 바아라 다도바아라 소다라 반
자 락가라 미다니나 훔다

옴 바아라 다도바아라 소다라 반
자 락가라 미다니나 훔다

옴 바아라 다도바아라 소다라 반
자 락가라 미다니나 훔다

옴 바아라 다도바아라 소다라 반
자 락가라 미다니나 훔다

옴 바아라 다도바아라 소다라 반
자 락가라 미다니나 훔다

옴 바아라 다도바아라 소다라 반
자 락가라 미다니나 훔다

옴 바아라 다도바아라 소다라 반
자 락가라 미다니나 훔다

옴 바아라 다도바아라 소다라 반
자 락가라 미다니나 훔다

옴 바아라 다도바아라 소다라 반
자 락가라 미다니나 훔다

옴 바아라 다도바아라 소다라 반
자 락가라 미다니나 훔다

옴 바아라 다도바아라 소다라 반
자 락가라 미다니나 훔다

062

옴 바아라 다도바아라 소다라 반
자 락가라 미다니나 훔다

옴 바아라 다도바아라 소다라 반
자 락가라 미다니나 훔다

옴 바아라 다도바아라 소다라 반
자 락가라 미다니나 훔다

옴 바아라 다도바아라 소다라 반
자 락가라 미다니나 훔다

옴 바아라 다도바아라 소다라 반
자 락가라 미다니나 훔다

옴 바아라 다도바아라 소다라 반
자 락가라 미다니나 훔다

옴 바아라 다도바아라 소다라 반
자 락가라 미다니나 훔다

옴 바아라 다도바아라 소다라 반
자 락가라 미다니나 훔다

옴 바아라 다도바아라 소다라 반
자 락가라 미다니나 훔다

옴 바아라 다도바아라 소다라 반
자 락가라 미다니나 훔다

옴 바아라 다도바아라 소다라 반
자 락가라 미다니나 훔다

옴 바아라 다도바아라 소다라 반
자 락가라 미다니나 훔다

옴 바아라 다도바아라 소다라 반
자 락가라 미다니나 훔다

옴 바아라 다도바아라 소다라 반
자 락가라 미다니나 훔다

옴 바아라 다도바아라 소다라 반
자 락가라 미다니나 훔다

옴 바아라 다도바아라 소다라 반
자 락가라 미다니나 훔다

옴 바아라 다도바아라 소다라 반
자 락가라 미다니나 훔다

옴 바아라 다도바아라 소다라 반
자 락가라 미다니나 훔다

옴 바아라 다도바아라 소다라 반
자 락가라 미다니나 훔다

옴 바아라 다도바아라 소다라 반
자 락가라 미다니나 훔다

옴 바아라 다도바아라 소다라 반
자 락가라 미다니나 훔다

083

옴 바아라 다도바아라 소다라 반
자 락가라 미다니나 훔다

옴 바아라 다도바아라 소다라 반
자 락가라 미다니나 훔다

옴 바아라 다도바아라 소다라 반
자 락가라 미다니나 훔다

옴 바아라 다도바아라 소다라 반
자 락가라 미다니나 훔다

옴 바아라 다도바아라 소다라 반
자 락가라 미다니나 훔다

옴 바아라 다도바아라 소다라 반
자 락가라 미다니나 훔다

옴 바아라 다도바아라 소다라 반
자 락가라 미다니나 훔다

옴 바아라 다도바아라 소다라 반
자 락가라 미다니나 훔다

옴 바아라 다도바아라 소다라 반
자 락가라 미다니나 훔다

옴 바아라 다도바아라 소다라 반
자 락가라 미다니나 훔다

옴 바아라 다도바아라 소다라 반
자 락가라 미다니나 훔다

옴 바아라 다도바아라 소다라 반
자 락가라 미다니나 훔다

옴 바아라 다도바아라 소다라 반
자 락가라 미다니나 훔다

옴 바아라 다도바아라 소다라 반
자 락가라 미다니나 훔다

옴 바이라 다도바아라 소다라 반
자 락가라 미다나나 훔다

옴 바이라 다도바아라 소다라 반
자 락가라 미다나나 훔다

옴 바이라 다도바아라 소다라 반
자 락가라 미다나나 훔다

옴 바이라 다도바아라 소다라 반
자 락가라 미다나나 훔다

옴 바이라 다도바아라 소다라 반
자 락가라 미다나나 훔다

옴 바이라 다도바아라 소다라 반
자 락가라 미다나나 훔다

옴 바이라 다도바아라 소다라 반
자 락가라 미다나나 훔다

104

옴 바아라 다도바아라 소다라 반
자 락가라 미다니나 훔다

옴 바아라 다도바아라 소다라 반
자 락가라 미다니나 훔다

옴 바아라 다도바아라 소다라 반
자 락가라 미다니나 훔다

옴 바아라 다도바아라 소다라 반
자 락가라 미다니나 훔다

108

보회향진언

옴 삼마라 삼마라 미만나 사라마
하 자가라바 훔

준제準提진언

나모 사다남 삼먁삼못다 구치남 다냐타 옴
자례주례 준제 사바하 부림

나모 사다남 삼먁삼못다 구치남
다냐타 옴 자례주례 준제 사바하
부림

나모 사다남 삼먁삼못다 구치남
다냐타 옴 자례주례 준제 사바하
부림

나모 사다남 삼먁삼못다 구치남
다냐타 옴 자례주례 준제 사바하
부림

나모 사다남 삼먁삼못다 구치남
다냐타 옴 자례주례 준제 사바하
부림

004

나모 사다남 삼먁삼못다 구치남
다냐타 옴 자례주례 준제 사바하
부림

나모 사다남 삼먁삼못다 구치남
다냐타 옴 자례주례 준제 사바하
부림

나모 사다남 삼먁삼못다 구치남
다냐타 옴 자례주례 준제 사바하
부림

나모 사다남 삼먁삼못다 구치남
다냐타 옴 자례주례 준제 사바하
부림

나모 사다남 삼먁삼못다 구치남
다냐타 옴 자례주례 준제 사바하
부림

나모 사다남 삼먁삼못다 구치남
다냐타 옴 자례주례 준제 사바하
부림

나모 사다남 삼먁삼못다 구치남
다냐타 옴 자례주례 준제 사바하
부림

나모 사다남 삼먁삼못다 구치남
다냐타 옴 자례주례 준제 사바하
부림

나모 사다남 삼먁삼못다 구치남
다냐타 옴 자례주례 준제 사바하
부림

나모 사다남 삼먁삼못다 구치남
다냐타 옴 자례주례 준제 사바하
부림

014

나모 사다남 삼먁삼못다 구치남
다냐타 옴 자례주례 준제 사바하
부림

나모 사다남 삼먁삼못다 구치남
다냐타 옴 자례주례 준제 사바하
부림

나모 사다남 삼먁삼못다 구치남
다냐타 옴 자례주례 준제 사바하
부림

나모 사다남 삼먁삼못다 구치남
다냐타 옴 자례주례 준제 사바하
부림

나모 사다남 삼먁삼못다 구치남
다냐타 옴 자례주례 준제 사바하
부림

019

나모 사다남 삼먁삼못다 구치남
다냐타 옴 자례주례 준제 사바하
부림

나모 사다남 삼먁삼못다 구치남
다냐타 옴 자례주례 준제 사바하
부림

나모 사다남 삼먁삼못다 구치남
다냐타 옴 자례주례 준제 사바하
부림

나모 사다남 삼먁삼못다 구치남
다냐타 옴 자례주례 준제 사바하
부림

나모 사다남 삼먁삼못다 구치남
다냐타 옴 자례주례 준제 사바하
부림

024

나모 사다남 삼먁삼못다 구치남
다냐타 옴 자례주례 준제 사바하
부림

나모 사다남 삼먁삼못다 구치남
다냐타 옴 자례주례 준제 사바하
부림

나모 사다남 삼먁삼못다 구치남
다냐타 옴 자례주례 준제 사바하
부림

나모 사다남 삼먁삼못다 구치남
다냐타 옴 자례주례 준제 사바하
부림

나모 사다남 삼먁삼못다 구치남
다냐타 옴 자례주례 준제 사바하
부림

029

나모 사다남 삼먁삼못다 구치남
다냐타 옴 자례주례 준제 사바하
부림

나모 사다남 삼먁삼못다 구치남
다냐타 옴 자례주례 준제 사바하
부림

나모 사다남 삼먁삼못다 구치남
다냐타 옴 자례주례 준제 사바하
부림

나모 사다남 삼먁삼못다 구치남
다냐타 옴 자례주례 준제 사바하
부림

나모 사다남 삼먁삼못다 구치남
다냐타 옴 자례주례 준제 사바하
부림

034

나모 사다남 삼먁삼못다 구치남
다냐타 옴 자례주례 준제 사바하
부림

나모 사다남 삼먁삼못다 구치남
다냐타 옴 자례주례 준제 사바하
부림

나모 사다남 삼먁삼못다 구치남
다냐타 옴 자례주례 준제 사바하
부림

나모 사다남 삼먁삼못다 구치남
다냐타 옴 자례주례 준제 사바하
부림

나모 사다남 삼먁삼못다 구치남
다냐타 옴 자례주례 준제 사바하
부림

나모 사다남 삼먁삼못다 구치남
다냐타 옴 자례주례 준제 사바하
부림

나모 사다남 삼먁삼못다 구치남
다냐타 옴 자례주례 준제 사바하
부림

나모 사다남 삼먁삼못다 구치남
다냐타 옴 자례주례 준제 사바하
부림

나모 사다남 삼먁삼못다 구치남
다냐타 옴 자례주례 준제 사바하
부림

나모 사다남 삼먁삼못다 구치남
다냐타 옴 자례주례 준제 사바하
부림

나모 사다남 삼먁삼못다 구치남
다냐타 옴 자례주례 준제 사바하
부림

나모 사다남 삼먁삼못다 구치남
다냐타 옴 자례주례 준제 사바하
부림

나모 사다남 삼먁삼못다 구치남
다냐타 옴 자례주례 준제 사바하
부림

나모 사다남 삼먁삼못다 구치남
다냐타 옴 자례주례 준제 사바하
부림

나모 사다남 삼먁삼못다 구치남
다냐타 옴 자례주례 준제 사바하
부림

나모 사다남 삼먁삼못다 구치남
다냐타 옴 자례주례 준제 사바하
부림

나모 사다남 삼먁삼못다 구치남
다냐타 옴 자례주례 준제 사바하
부림

나모 사다남 삼먁삼못다 구치남
다냐타 옴 자례주례 준제 사바하
부림

나모 사다남 삼먁삼못다 구치남
다냐타 옴 자례주례 준제 사바하
부림

나모 사다남 삼먁삼못다 구치남
다냐타 옴 자례주례 준제 사바하
부림

069

나모 사다남 삼먁삼못다 구치남
다냐타 옴 자례주례 준제 사바하
부림

나모 사다남 삼먁삼못다 구치남
다냐타 옴 자례주례 준제 사바하
부림

나모 사다남 삼먁삼못다 구치남
다냐타 옴 자례주례 준제 사바하
부림

나모 사다남 삼먁삼못다 구치남
다냐타 옴 자례주례 준제 사바하
부림

나모 사다남 삼먁삼못다 구치남
다냐타 옴 자례주례 준제 사바하
부림

나모 사다남 삼먁삼못다 구치남
다냐타 옴 자례주례 준제 사바하
부림

나모 사다남 삼먁삼못다 구치남
다냐타 옴 자례주례 준제 사바하
부림

나모 사다남 삼먁삼못다 구치남
다냐타 옴 자례주례 준제 사바하
부림

나모 사다남 삼먁삼못다 구치남
다냐타 옴 자례주례 준제 사바하
부림

나모 사다남 삼먁삼못다 구치남
다냐타 옴 자례주례 준제 사바하
부림

나모 사다남 삼먁삼못다 구치남
다냐타 옴 자례주례 준제 사바하
부림

나모 사다남 삼먁삼못다 구치남
다냐타 옴 자례주례 준제 사바하
부림

나모 사다남 삼먁삼못다 구치남
다냐타 옴 자례주례 준제 사바하
부림

나모 사다남 삼먁삼못다 구치남
다냐타 옴 자례주례 준제 사바하
부림

나모 사다남 삼먁삼못다 구치남
다냐타 옴 자례주례 준제 사바하
부림

009

나모 사다남 삼먁삼못다 구치남
다냐타 옴 자례주례 준제 사바하
부림

나모 사다남 삼먁삼못다 구치남
다냐타 옴 자례주례 준제 사바하
부림

나모 사다남 삼먁삼못다 구치남
다냐타 옴 자례주례 준제 사바하
부림

나모 사다남 삼먁삼못다 구치남
다냐타 옴 자례주례 준제 사바하
부림

나모 사다남 삼먁삼못다 구치남
다냐타 옴 자례주례 준제 사바하
부림

나모 사다남 삼먁삼못다 구치남
다냐타 옴 자례주례 준제 사바하
부림

나모 사다남 삼먁삼못다 구치남
다냐타 옴 자례주례 준제 사바하
부림

나모 사다남 삼먁삼못다 구치남
다냐타 옴 자례주례 준제 사바하
부림

나모 사다남 삼먁삼못다 구치남
다냐타 옴 자례주례 준제 사바하
부림

나모 사다남 삼먁삼못다 구치남
다냐타 옴 자례주례 준제 사바하
부림

나모 사다남 삼먁삼못다 구치남
다냐타 옴 자례주례 준제 사바하
부림

나모 사다남 삼먁삼못다 구치남
다냐타 옴 자례주례 준제 사바하
부림

나모 사다남 삼먁삼못다 구치남
다냐타 옴 자례주례 준제 사바하
부림

나모 사다남 삼먁삼못다 구치남
다냐타 옴 자례주례 준제 사바하
부림

나모 사다남 삼먁삼못다 구치남
다냐타 옴 자례주례 준제 사바하
부림

나모 사다남 삼먁삼못다 구치남
다냐타 옴 자례주례 준제 사바하
부림

나모 사다남 삼먁삼못다 구치남
다냐타 옴 자례주례 준제 사바하
부림

나모 사다남 삼먁삼못다 구치남
다냐타 옴 자례주례 준제 사바하
부림

나모 사다남 삼먁삼못다 구치남
다냐타 옴 자례주례 준제 사바하
부림

나모 사다남 삼먁삼못다 구치남
다냐타 옴 자례주례 준제 사바하
부림

089

나모 사다남 삼먁삼못다 구치남
다냐타 옴 자례주례 준제 사바하
부림

나모 사다남 삼먁삼못다 구치남
다냐타 옴 자례주례 준제 사바하
부림

나모 사다남 삼먁삼못다 구치남
다냐타 옴 자례주례 준제 사바하
부림

나모 사다남 삼먁삼못다 구치남
다냐타 옴 자례주례 준제 사바하
부림

나모 사다남 삼먁삼못다 구치남
다냐타 옴 자례주례 준제 사바하
부림

094

나모 사다남 삼먁삼못다 구치남
다냐타 옴 자례주례 준제 사바하
부림

나모 사다남 삼먁삼못다 구치남
다냐타 옴 자례주례 준제 사바하
부림

나모 사다남 삼먁삼못다 구치남
다냐타 옴 자례주례 준제 사바하
부림

나모 사다남 삼먁삼못다 구치남
다냐타 옴 자례주례 준제 사바하
부림

나모 사다남 삼먁삼못다 구치남
다냐타 옴 자례주례 준제 사바하
부림

나모 사다남 삼먁삼못다 구치남
다냐타 옴 자례주례 준제 사바하
부림

나모 사다남 삼먁삼못다 구치남
다냐타 옴 자례주례 준제 사바하
부림

나모 사다남 삼먁삼못다 구치남
다냐타 옴 자례주례 준제 사바하
부림

나모 사다남 삼먁삼못다 구치남
다냐타 옴 자례주례 준제 사바하
부림

나모 사다남 삼먁삼못다 구치남
다냐타 옴 자례주례 준제 사바하
부림

104

나모 사다남 삼먁삼못다 구치남
다냐타 옴 자례주례 준제 사바하
부림

나모 사다남 삼먁삼못다 구치남
다냐타 옴 자례주례 준제 사바하
부림

나모 사다남 삼먁삼못다 구치남
다냐타 옴 자례주례 준제 사바하
부림

나모 사다남 삼먁삼못다 구치남
다냐타 옴 자례주례 준제 사바하
부림

108

보회향진언

옴 삼마라 삼마라 미만나 사라마
하 자가라바 훔

관자재보살 여의륜주如意輪呪

나모 못다야 나모 달마야 나모 승가야 나무 아
리야 바로기제 사라야 모지사다야 마하사다야
사가라 마하가로 니가야 하리다야 만다라 다
냐타 가가나 바라지진다 마니 마하무다레 루
로루로 지따 하리다예 비사예 옴 부다나 부다
니 야등

001

002
나모 못다야 나모 달마야 나모 승
가야 나무 아리야 바로기제 사라
야 모지사다야 마하사다야 사가
라 마하가로 니가야 하리다야 만
다라 다냐타 가가나 바라지진다
마니 마하무다레 루로루로 지따
하리다예 비사예 옴 부다나 부다
니 야등

003
나모 못다야 나모 달마야 나모 승
가야 나무 아리야 바로기제 사라
야 모지사다야 마하사다야 사가
라 마하가로 니가야 하리다야 만
다라 다냐타 가가나 바라지진다
마니 마하무다레 루로루로 지따
하리다예 비사예 옴 부다나 부다
니 야등

나모 못다야 나모 달마야 나모 승
가야 나무 아리야 바로기제 사라
야 모지사다야 마하사다야 사가
라 마하가로 니가야 하리나야 만
다라 다나타 가가나 바리지진다
마니 마하무다레 루로루로 지따
하리나예 비사예 옴 부다나 부다
니 야동

나모 못다야 나모 달마야 나모 승
가야 나무 아리야 바로기제 사라
야 모지사다야 마하사다야 사가
라 마하가로 니가야 하리나야 만
다라 다나타 가가나 바리지진다
마니 마하무다레 루로루로 지따
하리나예 비사예 옴 부다나 부다
니 야동

006 나모 못다야 나모 달마야 나모 승
가야 나무 아리야 바로기제 사라
야 모지사다야 마하사다야 사가
라 마하가로 니가야 하리다야 만
다라 다냐타 가가나 바라지진다
마니 마하무다레 루로루로 지따
하리다에 비사예 옴 부다나 부다
니 야둥

007 나모 못다야 나모 달마야 나모 승
가야 나무 아리야 바로기제 사라
야 모지사다야 마하사다야 사가
라 마하가로 니가야 하리다야 만
다라 다냐타 가가나 바라지진다
마니 마하무다레 루로루로 지따
하리다에 비사예 옴 부다나 부다
니 야둥

008
나모 못다야 나모 달마야 나모 승
가야 나무 아리야 바로기데 사라
야 모지사라야 마하사라야 사가
라 마하가로 니가야 하리다야 만
다라 다나타 가가나 바라지진다
마니 마하무다레 루로루로 지따
하리다여 비사여 옴 부다니 부다
니 야등

009
나모 못다야 나모 달마야 나모 승
가야 나무 아리야 바로기게 사라
야 모지사라야 마하사라야 사가
라 마하가로 니가야 하리다야 만
다라 다나타 가가나 바라지진다
마니 마하무다레 루로투로 지따
하리다여 비사여 옴 부다니 부다
니 야등

010 나모 못다야 나모 달마야 나모 승
가야 나무 아리야 바로기제 사라
야 모지사다야 마하사다야 사가
라 마하가로 니가야 하리다야 만
다라 다냐타 가가나 바라지진다
마니 마하무다레 루로루로 지따
하리다예 비사예 옴 부다나 부다
니 야등

011 나모 못다야 나모 달마야 나모 승
가야 나무 아리야 바로기제 사라
야 모지사다야 마하사다야 사가
라 마하가로 니가야 하리다야 만
다라 다냐타 가가나 바라지진다
마니 마하무다레 루로루로 지따
하리다예 비사예 옴 부다나 부다
니 야등

012

나모 못다야 나모 달마야 나모 승
가야 나무 아리야 바로기제 사라
야 모지사다야 마하사다야 사가
라 마하가로 니가야 하리다야 만
다라 다냐타 가가니 바라지진다
마니 마하무다레 루로루로 지따
하리다예 비사에 옴 부다나 부다
니 야등

013

나모 못다야 나모 달마야 나모 승
가야 나무 아리야 바로기제 사라
야 모지사다야 마하사다야 사가
라 마하가로 니가야 하리다야 만
다라 다냐타 가가니 바라지진다
마니 마하무다레 루로루로 지따
하리다예 비사에 옴 부다나 부다
니 야등

014 나모 못다야 나모 달마야 나모 승
가야 나무 아리야 바로기제 사라
야 모지사다야 마하사다야 사가
라 마하가로 니가야 하리다야 만
다라 다냐타 가가나 바라지진다
마니 마하무다레 루로루로 지따
하리다예 비사예 옴 부다나 부다
니 야등

015 나모 못다야 나모 달마야 나모 승
가야 나무 아리야 바로기제 사라
야 모지사다야 마하사다야 사가
라 마하가로 니가야 하리다야 만
다라 다냐타 가가나 바라지진다
마니 마하무다레 루로루로 지따
하리다예 비사예 옴 부다나 부다
니 야등

나모 못다야 나모 달마야 나모 승
가야 나무 아리야 바로기제 사라
야 모지사다야 마하사다야 사가
라 마하가로 니가야 하리다야 만
다라 다냐라 가가나 바라지진 라
마니 마하무다례 루로루로 지따
하리다예 비사예 옴 부다나 부다
니 야등

나모 못다야 나모 달마야 나모 승
가야 나무 아리야 바로기제 사라
야 모지사다야 마하사다야 사가
라 마하가로 니가야 하리다야 안
다라 다냐라 가가니 바라지진 라
마니 마하무다례 루로루로 지따
하리다예 비사예 옴 부다나 부다
니 야등

018 나모 못다야 나모 달마야 나모 승
가야 나무 아리야 바로기제 사라
야 모지사다야 마하사다야 사가
라 마하가로 니가야 하리다야 만
다라 다냐타 가가나 바라지진다
마니 마하무다레 루로루로 지따
하리다에 비사예 옴 부다나 부다
니 야등

019 나모 못다야 나모 달마야 나모 승
가야 나무 아리야 바로기제 사라
야 모지사다야 마하사다야 사가
라 마하가로 니가야 하리다야 만
다라 다냐타 가가나 바라지진다
마니 마하무다레 루로루로 지따
하리다에 비사예 옴 부다나 부다
니 야등

나모 못다야 나모 달마야 나모 승
가야 나무 아리야 바로기제 사라
야 모지사다야 마하사다야 사가
라 마하가로 니가야 하리다야 만
다라 다냐타 가가나 바라지진다
마니 마하무다레 루로루로 지따
하리다에 비사예 옴 부다니 부다
니 야등

나모 못다야 나모 달마야 나모 승
가야 나무 아리야 바로기제 사라
야 모지사다야 마하사다야 사가
라 마하가로 니가야 하리다야 만
다라 다냐타 가가나 바라지진다
마니 마하무다레 루로루로 지따
하리다에 비사예 옴 부다니 부다
니 야등

022 나모 못다야 나모 달마야 나모 승
가야 나무 아리야 바로기제 사라
야 모지사다야 마하사다야 사가
라 마하가로 니가야 하리다야 만
다라 다냐타 가가나 바라지진다
마니 마하무다레 루로루로 지따
하리다예 비사예 옴 부다나 부다
니 야등

023 나모 못다야 나모 달마야 나모 승
가야 나무 아리야 바로기제 사라
야 모지사다야 마하사다야 사가
라 마하가로 니가야 하리다야 만
다라 다냐타 가가나 바라지진다
마니 마하무다레 루로루로 지따
하리다예 비사예 옴 부다나 부다
니 야등

나모 못다야 나모 달마야 나모 승
가야 나무 아리야 바로기제 사라
야 모지사다야 마하사다야 사가
라 마하가로 니가야 하리다야 만
다라 다냐타 가가나 바라지진다
마니 마하무다레 루로루로 지따
하리다에 비사에 옴 부다니 부다
니 야동

나모 못다야 나모 달마야 나모 승
가야 나무 아리야 바로기제 사라
야 모지사다야 마하사다야 사가
라 마하가로 니가야 하리다야 만
다라 다냐타 가가나 바라지진다
마니 마하무다레 루로루로 지따
하리다에 비사에 옴 부다니 부다
니 야동

026 나모 못다야 나모 달마야 나모 승
가야 나무 아리야 바로기제 사라
야 모지사다야 마하사다야 사가
라 마하가로 니가야 하리다야 만
다라 다냐타 가가나 바라지진다
마니 마하무다레 루로루로 지따
하리다예 비사예 옴 부다나 부다
니 야등

---

027 나모 못다야 나모 달마야 나모 승
가야 나무 아리야 바로기제 사라
야 모지사다야 마하사다야 사가
라 마하가로 니가야 하리다야 만
다라 다냐타 가가나 바라지진다
마니 마하무다레 루로루로 지따
하리다예 비사예 옴 부다나 부다
니 야등

나모 못다야 나모 달마야 나모 승
가야 나무 아리야 바로기제 사라
야 모지사다야 마하사다야 사가
라 마하가로 니가야 하리다야 만
다라 다냐타 가가나 바라지진다
마니 마하무다레 루로루로 지따
하리다에 비사예 옴 부다나 부다
니 야등

나모 못다야 나모 달마야 나모 승
가야 나무 아리야 바로기제 사라
야 모지사다야 마하사다야 사가
라 마하가로 니가야 하리다야 만
다라 다냐타 가가나 바라지진다
마니 마하무다레 루로루로 지따
하리다에 비사예 옴 부다나 부다
니 야등

030

나모 못다야 나모 달마야 나모 승
가야 나무 아리야 바로기제 사라
야 모지사다야 마하사다야 사가
라 마하가로 니가야 하리다야 만
다라 다냐타 가가나 바라지진다
마니 마하무다레 루로루로 지따
하리다예 비사예 옴 부다나 부다
니 야등

031

나모 못다야 나모 달마야 나모 승
가야 나무 아리야 바로기제 사라
야 모지사다야 마하사다야 사가
라 마하가로 니가야 하리다야 만
다라 다냐타 가가나 바라지진다
마니 마하무다레 루로루로 지따
하리다예 비사예 옴 부다나 부다
니 야등

032
나모 못다야 나모 달마야 나모 승
가야 나무 아리야 바로기제 사라
야 모지사다야 마하사다야 사가
라 마하가로 니가야 하리나야 만
다라 다나라 기가나 바리지진다
마니 마하무다레 루로루로 지따
하리나예 비시예 옴 부다나 부다
니 야등

033
나모 못다야 나모 달마야 나모 승
가야 나무 아리야 바로기제 사라
야 모지사다야 마하사다야 사가
라 마하가로 니가야 하리나야 만
다라 다나라 기가나 바리지진다
마니 마하무다레 루로루로 지따
하리나예 비시예 옴 부다나 부다
니 야등

034 나모 못다야 나모 달마야 나모 승
가야 나무 아리야 바로기제 사라
야 모지사다야 마하사다야 사가
라 마하가로 니가야 하리다야 만
다라 다냐타 가가나 바라지진다
마니 마하무다레 루로루로 지따
하리다예 비사예 옴 부다나 부다
니 야등

035 나모 못다야 나모 달마야 나모 승
가야 나무 아리야 바로기제 사라
야 모지사다야 마하사다야 사가
라 마하가로 니가야 하리다야 만
다라 다냐타 가가나 바라지진다
마니 마하무다레 루로루로 지따
하리다예 비사예 옴 부다나 부다
니 야등

036
나모 못다야 나모 달마야 나모 승
가야 나무 아리야 바로기제 사라
야 모지사다야 마하사다야 사가
라 마하가로 니가야 하리다야 만
다라 다냐타 가가니 바라지진다
마니 마하무다레 루로루로 지따
하리다예 비사예 옴 부다나 부다
니 야등

037
나모 못다야 나모 달마야 나모 승
가야 나무 아리야 바로기제 사라
야 모지사다야 마하사다야 사가
라 마하가로 니가야 하리다야 만
다라 다냐타 가가니 바라지진라
마니 마하무다레 루로루로 지따
하리다여 비사예 옴 부다나 부다
니 야등

038 나모 못다야 나모 달마야 나모 승
가야 나무 아리야 바로기제 사라
야 모지사다야 마하사다야 사가
라 마하가로 니가야 하리다야 만
다라 다냐타 가가나 바라지진다
마니 마하무다레 루로루로 지따
하리다예 비사예 옴 부다나 부다
니 야등

039 나모 못다야 나모 달마야 나모 승
가야 나무 아리야 바로기제 사라
야 모지사다야 마하사다야 사가
라 마하가로 니가야 하리다야 만
다라 다냐타 가가나 바라지진다
마니 마하무다레 루로루로 지따
하리다예 비사예 옴 부다나 부다
니 야등

040

나모 못다야 나모 달마야 나모 승
가야 나무 아리야 바로기제 사라
야 모지사다야 마하사다야 사가
라 마하가로 니가야 하리다야 만
다라 다냐라 가가나 바라지진다
마니 마하무다레 루로루로 지따
하리다에 비사에 옴 부다냐 부다
냐 야등

041

나모 못다야 나모 달마야 나모 승
가야 나무 아리야 바로기제 사라
야 모지사다야 마하사다야 사가
라 마하가로 니가야 하리다야 만
다라 다냐라 가가나 바라지진다
마니 마하무다레 루로루로 지따
하리다에 비사에 옴 부다냐 부다
냐 야등

042
나모 못다야 나모 달마야 나모 승
가야 나무 아리야 바로기제 사라
야 모지사다야 마하사다야 사가
라 마하가로 니가야 하리다야 만
다라 다냐타 가가나 바라지진다
마니 마하무다레 루로루로 지따
하리다예 비사예 옴 부다나 부다
니 야등

043
나모 못다야 나모 달마야 나모 승
가야 나무 아리야 바로기제 사라
야 모지사다야 마하사다야 사가
라 마하가로 니가야 하리다야 만
다라 다냐타 가가나 바라지진다
마니 마하무다레 루로루로 지따
하리다예 비사예 옴 부다나 부다
니 야등

나모 못다야 나모 달마야 나모 승
가야 나무 아리야 바로기제 사라
야 모지사다야 마하사다야 사가
라 마하가로 니가야 하리다야 만
다라 다냐타 가가나 바라지 진다
마니 마하무다레 루로루로 지따
하리다에 비사예 옴 부다나 부다
니 야등

나모 못다야 나모 달마야 나모 승
가야 나무 아리야 바로기제 사라
야 모지사다야 마하사다야 사가
라 마하가로 니가야 하리다야 만
다라 다냐타 가가나 바라지 진다
마니 마하무다레 루로루로 지따
하리다에 비사예 옴 부다나 부다
니 야등

046
나모 못다야 나모 달마야 나모 승
가야 나무 아리야 바로기제 사라
야 모지사다야 마하사다야 사가
라 마하가로 니가야 하리다야 만
다라 다냐타 가가나 바라지진다
마니 마하무다레 루로루로 지따
하리다예 비사예 옴 부다나 부다
니 야등

047
나모 못다야 나모 달마야 나모 승
가야 나무 아리야 바로기제 사라
야 모지사다야 마하사다야 사가
라 마하가로 니가야 하리다야 만
다라 다냐타 가가나 바라지진다
마니 마하무다레 루로루로 지따
하리다예 비사예 옴 부다나 부다
니 야등

048
나모 못다야 나모 달마야 나모 승
가야 나무 아리야 바로기제 사라
야 모지 사다야 마하사라야 사가
라 마하가로 니가야 하리 다야 반
다라 다나타 가가나 바라지진다
마니 마하무다례 루로루로 지따
하리다여 비사여 옴 부다니 부다
니 야돔

049
나모 못다야 나모 달마야 나모 승
가야 나무 아리야 바로기제 사라
야 모지 사다야 마하사라야 사가
라 마하가로 니가야 하리다야 반
다라 다나타 가가나 바라지진다
마니 마하무다례 루로루로 지따
하리다여 비사여 옴 부다니 부다
니 야돔

050
나모 못다야 나모 달마야 나모 승
가야 나무 아리야 바로기제 사라
야 모지사다야 마하사다야 사가
라 마하가로 니가야 하리다야 만
다라 다냐타 가가나 바라지진다
마니 마하무다레 루로루로 지따
하리다예 비사예 옴 부다나 부다
니 야등

051
나모 못다야 나모 달마야 나모 승
가야 나무 아리야 바로기제 사라
야 모지사다야 마하사다야 사가
라 마하가로 니가야 하리다야 만
다라 다냐타 가가나 바라지진다
마니 마하무다레 루로루로 지따
하리다예 비사예 옴 부다나 부다
니 야등

052
나모 못다야 나모 달마야 나모 승
가야 나무 아리야 바로기제 사라
야 모지사다야 마하사다야 사가
라 마하가로 니가야 하리다야 만
다라 다냐타 가가나 바라지진 다
마니 마하무다레 루로루로 지따
하리다예 비사예 옴 부다나 부다
니 야등

053
나모 못다야 나모 달마야 나모 승
가야 나무 아리야 바로기제 사라
야 모지사다야 마하사다야 사가
라 마하가로 니가야 하리다야 만
다라 다냐타 가가나 바라지진 다
마니 마하무다레 루로루로 지따
하리다예 비사예 옴 부다나 부다
니 야등

054

나모 못다야 나모 달마야 나모 승
가야 나무 아리야 바로기제 사라
야 모지사다야 마하사다야 사가
라 마하가로 니가야 하리다야 만
다라 다냐타 가가나 바라지진다
마니 마하무다레 루로루로 지따
하리다예 비사예 옴 부다나 부다
니 야등

055

나모 못다야 나모 달마야 나모 승
가야 나무 아리야 바로기제 사라
야 모지사다야 마하사다야 사가
라 마하가로 니가야 하리다야 만
다라 다냐타 가가나 바라지진다
마니 마하무다레 루로루로 지따
하리다예 비사예 옴 부다나 부다
니 야등

나모 못다야 나모 달마야 나모 승
가야 나무 아리야 바로기제 사라
야 모지사다야 마하사다야 사가
라 마하가로 니가야 하리다야 만
다라 다냐타 가가나 바라지진다
마니 마하무다레 루로루로 지따
하리다에 비사에 옴 부다나 부다
니 야등

나모 못다야 나모 달마야 나모 승
가야 나무 아리야 바로기제 사라
야 모지사다야 마하사다야 사가
라 마하가로 니가야 하리다야 만
다라 다냐타 가가나 바라지진다
마니 마하무다레 루로루로 지따
하리다에 비사에 옴 부다나 부다
니 야등

058
나모 못다야 나모 달마야 나모 승
가야 나무 아리야 바로기제 사라
야 모지사다야 마하사다야 사가
라 마하가로 니가야 하리다야 만
다라 다냐타 가가나 바라지진다
마니 마하무다레 루로루로 지따
하리다예 비사예 옴 부다나 부다
니 야등

059
나모 못다야 나모 달마야 나모 승
가야 나무 아리야 바로기제 사라
야 모지사다야 마하사다야 사가
라 마하가로 니가야 하리다야 만
다라 다냐타 가가나 바라지진다
마니 마하무다레 루로루로 지따
하리다예 비사예 옴 부다나 부다
니 야등

060
나모 못다야 나모 달마야 나모 승
가야 나무 아리야 바로기제 사라
야 모지사다야 마하사다야 사가
라 마하가로 니가야 하리다야 만
다라 다냐타 가가나 바라지진다
마니 마하무다레 루로루로 지따
하리다에 비사예 옴 부다나 부다
니 야등

061
나모 못다야 나모 달마야 나모 승
가야 나무 아리야 바로기제 사라
야 모지사다야 마하사다야 사가
라 마하가로 니가야 하리다야 만
다라 다냐타 가가나 바라지진다
마니 마하무다레 루로루로 지따
하리다에 비사예 옴 부다나 부다
니 야등

062 나모 못다야 나모 달마야 나모 승
가야 나무 아리야 바로기제 사라
야 모지사다야 마하사다야 사가
라 마하가로 니가야 하리다야 만
다라 다냐타 가가나 바라지진다
마니 마하무다레 루로루로 지따
하리다예 비사예 옴 부다나 부다
니 야등

063 나모 못다야 나모 달마야 나모 승
가야 나무 아리야 바로기제 사라
야 모지사다야 마하사다야 사가
라 마하가로 니가야 하리다야 만
다라 다냐타 가가나 바라지진다
마니 마하무다레 루로루로 지따
하리다예 비사예 옴 부다나 부다
니 야등

064
나모 못다야 나모 달마야 나모 승
가야 나무 아리야 바로기제 사라
야 모지사다야 마하사다야 사가
라 마하가로 니가야 하리다야 만
다라 다냐타 가가나 바리지진다
마니 마하무다레 루로루로 지따
하리다예 비사예 옴 부다니 부다
니 야둥

065
나모 못다야 나모 달마야 나모 승
가야 나무 아리야 바로기제 사라
야 모지사다야 마하사다야 사가
라 마하가로 니가야 하리다야 만
다라 다냐타 가가나 바리지진다
마니 마하무다레 루로루로 지따
하리다예 비사예 옴 부다니 부다
니 야둥

나모 못다야 나모 달마야 나모 승가야 나무 아리야 바로기제 사라야 모지사다야 마하사다야 사가라 마하가로 니가야 하리다야 만다라 다냐타 가가나 바라지진다 마니 마하무다레 루로루로 지따 하리다예 비사예 옴 부다나 부다니 야등

나모 못다야 나모 달마야 나모 승가야 나무 아리야 바로기제 사라야 모지사다야 마하사다야 사가라 마하가로 니가야 하리다야 만다라 다냐타 가가나 바라지진다 마니 마하무다레 루로루로 지따 하리다예 비사예 옴 부다나 부다니 야등

068
나모 못다야 나모 달마야 나모 승
가야 나무 아리야 바로기제 사라
야 모지사다야 마하사다야 사가
라 마하가로 니가야 하리다야 만
다라 다냐타 가가나 바라지진다
마니 마하부다레 루로루로 지따
하리다예 비사예 옴 부다나 부다
니 야등

069
나모 못다야 나모 달마야 나모 승
가야 나무 아리야 바로기제 사라
야 모지사다야 마하사다야 사가
라 마하가로 니가야 하리다야 만
다라 다냐타 가가나 바라지진다
마니 마하무다레 루로루로 지따
하리다예 비사예 옴 부다나 부다
니 야등

070
나모 못다야 나모 달마야 나모 승
가야 나무 아리야 바로기제 사라
야 모지사다야 마하사다야 사가
라 마하가로 니가야 하리다야 만
다라 다냐타 가가나 바라지진다
마니 마하무다레 루로루로 지따
하리다예 비사예 옴 부다나 부다
니 야등

071
나모 못다야 나모 달마야 나모 승
가야 나무 아리야 바로기제 사라
야 모지사다야 마하사다야 사가
라 마하가로 니가야 하리다야 만
다라 다냐타 가가나 바라지진다
마니 마하무다레 루로루로 지따
하리다예 비사예 옴 부다나 부다
니 야등

072
나모 못다야 나모 달마야 나모 승
가야 나무 아리야 바로기제 사라
야 모지사다야 마하사다야 사가
라 마하가로 니가야 하리다야 만
다라 다냐타 가가나 바라지진다
마니 마하무다레 루로루로 지따
하리다예 비사예 옴 부다나 부다
니 야등

073
나모 못다야 나모 달마야 나모 승
가야 나무 아리야 바로기제 사라
야 모지사다야 마하사다야 사가
라 마하가로 니가야 하리다야 만
다라 다냐타 가가나 바라지진다
마니 마하무다레 루로루로 지따
하리다예 비사예 옴 부다나 부다
니 야등

074 나모 못다야 나모 달마야 나모 승
가야 나무 아리야 바로기제 사라
야 모지사다야 마하사다야 사가
라 마하가로 니가야 하리다야 만
다라 다냐타 가가나 바라지진다
마니 마하무다레 루로루로 지따
하리다에 비사예 옴 부다나 부다
니 야등

075 나모 못다야 나모 달마야 나모 승
가야 나무 아리야 바로기제 사라
야 모지사다야 마하사다야 사가
라 마하가로 니가야 하리다야 만
다라 다냐타 가가나 바라지진다
마니 마하무다레 루로루로 지따
하리다에 비사예 옴 부다나 부다
니 야등

076
나모 못다야 나모 달마야 나모 승
가야 나무 아리야 바로기제 사라
야 모지사다야 마하사다야 사가
라 마하가로 니가야 하리다야 만
다라 다냐타 가가나 바라지진 다
마니 마하무다레 루로루로 지따
하리다예 비사예 옴 부다니 부다
니 야등

077
나모 못다야 나모 달마야 나모 승
가야 나무 아리야 바로기제 사라
야 모지사다야 마하사다야 사가
라 마하가로 니가야 하리다야 만
다라 다냐타 가가나 바라지진 다
마니 마하무다레 루로루로 지따
하리다예 비사예 옴 부다니 부다
니 야등

나모 못다야 나모 달마야 나모 승
가야 나무 아리야 바로기제 사라
야 모지사다야 마하사다야 사가
라 마하가로 니가야 하리다야 만
다라 다냐타 가가나 바라지진다
마니 마하무다레 루로루로 지따
하리다예 비사예 옴 부다나 부다
니 야등

나모 못다야 나모 달마야 나모 승
가야 나무 아리야 바로기제 사라
야 모지사다야 마하사다야 사가
라 마하가로 니가야 하리다야 만
다라 다냐타 가가나 바라지진다
마니 마하무다레 루로루로 지따
하리다예 비사예 옴 부다나 부다
니 야등

080

나모 못다야 나모 달마야 나모 승
가야 나무 아리야 바로기제 사라
야 모지사다야 마하사다야 사가
라 마하가로 니가야 하리다야 만
다라 다냐라 가가나 바라지진다
마니 마하무다레 루로루로 지따
하리다예 비사예 옴 부다니 부다
니 야둥

081

나모 못다야 나모 달마야 나모 승
가야 나무 아리야 바로기제 사라
야 모지사다야 마하사다야 사가
라 마하가로 니가야 하리다야 만
다라 다냐라 가가나 바라지진다
마니 마하무다레 루로루로 지따
하리다예 비사예 옴 부다니 부다
니 야둥

082 나모 못다야 나모 달마야 나모 승
가야 나무 아리야 바로기제 사라
야 모지사다야 마하사다야 사가
라 마하가로 니가야 하리다야 만
다라 다냐타 가가나 바라지진다
마니 마하무다레 루로루로 지따
하리다에 비사예 옴 부다니 부다
니 야등

083 나모 못다야 나모 달마야 나모 승
가야 나무 아리야 바로기제 사라
야 모지사다야 마하사다야 사가
라 마하가로 니가야 하리다야 만
다라 다냐타 가가나 바라지진다
마니 마하무다레 루로루로 지따
하리다에 비사예 옴 부다니 부다
니 야등

084
나모 못다야 나모 달마야 나모 승가야 나무 아리야 바로기제 사바야 모지 사다야 마하사다야 사가라 마하가로 니가야 하리다야 만다라 다냐타 가가나 바리지진다 마니 마하무다레 투로루로 지따하리다예 비사예 옴 부다나 부다니 아등

085
나모 못다야 나모 달마야 나모 승가야 나무 아리야 바로기제 사바야 모지 사다야 마하사다야 사가라 마하가로 니가야 하리다야 만다라 다냐타 가가나 바라지진 극마니 마하무다레 루로루로 지따하리다예 비사예 옴 부다나 부다니 아등

086 나모 못다야 나모 달마야 나모 승
가야 나무 아리야 바로기제 사라
야 모지사다야 마하사다야 사가
라 마하가로 니가야 하리다야 만
다라 다냐타 가가나 바라지진다
마니 마하무다레 루로루로 지따
하리다예 비사예 옴 부다나 부다
니 야등

087 나모 못다야 나모 달마야 나모 승
가야 나무 아리야 바로기제 사라
야 모지사다야 마하사다야 사가
라 마하가로 니가야 하리다야 만
다라 다냐타 가가나 바라지진다
마니 마하무다레 루로루로 지따
하리다예 비사예 옴 부다나 부다
니 야등

088

나모 못다야 나모 달마야 나모 승
가야 나무 아리야 바로기제 사라
야 모지사다야 마하사다야 사가
라 마하가로 너가야 하리다야 만
다라 다냐타 가가나 바라지진다
마니 마하무다레 록로루로 지따
하리다몌 비시여 옴 부다나 우다
니 야둥

089

나모 못다야 나모 달마야 나모 승
가야 나무 아리야 바로기제 사라
야 모지사다야 마하사다야 사가
라 마하가로 너가야 하리다야 만
다라 다냐타 가가나 바라지진다
마니 마하부다러 루로루로 지따
하리다몌 비시몌 옴 부다나 부다
니 야둥

090
나모 못다야 나모 달마야 나모 승
가야 나무 아리야 바로기제 사라
야 모지사다야 마하사다야 사가
라 마하가로 니가야 하리다야 만
다라 다냐타 가가나 바라지진다
마니 마하무다레 루로루로 지따
하리다예 비사예 옴 부다나 부다
니 야등

091
나모 못다야 나모 달마야 나모 승
가야 나무 아리야 바로기제 사라
야 모지사다야 마하사다야 사가
라 마하가로 니가야 하리다야 만
다라 다냐타 가가나 바라지진다
마니 마하무다레 루로루로 지따
하리다예 비사예 옴 부다나 부다
니 야등

나모 못다야 나모 달마야 나모 승
가야 나무 아리야 바로기제 사라
야 모지사다야 마하사다야 사가
라 마하가로 니가야 하리다야 만
다라 다냐타 가가나 바라지진다
마니 마하무다레 루로루로 지따
하리다예 비사예 옴 부다니 부다
니 야등

나모 못다야 나모 달마야 나모 승
가야 나무 아리야 바로기제 사라
야 모지사다야 마하사다야 사가
라 마하가로 니가야 하리다야 만
다라 다냐타 가가니 바라지진다
마니 마하무다레 루로루로 지따
하리다예 비사예 옴 부다니 부다
니 야등

094 나모 못다야 나모 달마야 나모 승
가야 나무 아리야 바로기제 사라
야 모지사다야 마하사다야 사가
라 마하가로 니가야 하리다야 만
다라 다냐타 가가나 바라지진다
마니 마하무다레 루로루로 지따
하리다예 비사예 옴 부다나 부다
니 야등

095 나모 못다야 나모 달마야 나모 승
가야 나무 아리야 바로기제 사라
야 모지사다야 마하사다야 사가
라 마하가로 니가야 하리다야 만
다라 다냐타 가가나 바라지진다
마니 마하무다레 루로루로 지따
하리다예 비사예 옴 부다나 부다
니 야등

나모 못다야 나모 달마야 나모 승
가야 나무 아리야 바로기제 사라
야 모지사다야 마하사다야 사가
라 마하기로 나가야 하리다야 만
다라 다나라 가가나 바라지진다
마니 마하무다레 루로루로 지따
하리리며 비사예 옴 부다나 부다
니 아롱

나모 못다야 나모 달마야 나모 승
가야 나무 아리야 바로기제 사라
야 모기사다야 마하사다야 사가
라 마하기로 나가야 하리다야 만
다라 다나라 가가나 바라지진다
마며 마하무다레 루로루료 지따
하리다며 비사예 옴 부다나 부다
니 아롱

098 나모 못다야 나모 달마야 나모 승
가야 나무 아리야 바로기제 사라
야 모지사다야 마하사다야 사가
라 마하가로 니가야 하리다야 만
다라 다냐타 가가나 바라지진다
마니 마하무다레 루로루로 지따
하리다에 비사예 옴 부다나 부다
니 야등

099 나모 못다야 나모 달마야 나모 승
가야 나무 아리야 바로기제 사라
야 모지사다야 마하사다야 사가
라 마하가로 니가야 하리다야 만
다라 다냐타 가가나 바라지진다
마니 마하무다레 루로루로 지따
하리다에 비사예 옴 부다나 부다
니 야등

100

나모 못다야 나모 달마야 나모 승
가야 나무 아리야 바로기제 사라
야 모지사다야 마하사다야 사가
라 마하가로 니가야 하리다야 만
다라 다냐타 가가나 바라지진다
마니 마하무다레 루로루로 지따
하리다에 비사예 옴 부다냐 부다
냐 야등

101

나모 못다야 나모 달마야 나모 승
가야 나무 아리야 바로기제 사라
야 모지사다야 마하사다야 사가
라 마하가로 니가야 하리다야 만
다라 다냐타 가가나 바라지진다
마니 마하무다레 루로루로 지따
하리다에 비사예 옴 부다냐 부다
냐 야등

102 나모 못다야 나모 달마야 나모 승
가야 나무 아리야 바로기제 사라
야 모지사다야 마하사다야 사가
라 마하가로 니가야 하리다야 만
다라 다냐타 가가나 바라지진다
마니 마하무다레 루로루로 지따
하리다에 비사예 옴 부다나 부다
니 야등

---

103 나모 못다야 나모 달마야 나모 승
가야 나무 아리야 바로기제 사라
야 모지사다야 마하사다야 사가
라 마하가로 니가야 하리다야 만
다라 다냐타 가가나 바라지진다
마니 마하무다레 루로루로 지따
하리다에 비사예 옴 부다나 부다
니 야등

104

나모 못다야 나모 달마야 나모 승
가야 나무 아리야 바로기제 사라
야 모지사다야 마하사다야 사가
라 마하가로 니가야 하리다야 만
다라 다나라 가가나 바라지진다
마니 마하무다레 루로루로 지따
하리다에 비사에 옴 부다나 부다
니 야등

105

나모 못다야 나모 달마야 나모 승
가야 나무 아리야 바로기제 사라
야 모지사다야 마하사다야 사가
라 마하가로 니가야 하리다야 만
다라 다나라 가가나 바라지진다
마니 마하무다레 루로루로 지따
하리다에 비사에 옴 부다나 부다
니 야등

106
나모 못다야 나모 달마야 나모 승
가야 나무 아리야 바로기제 사라
야 모지사다야 마하사다야 사가
라 마하가로 니가야 하리다야 만
다라 다냐타 가가나 바라지진다
마니 마하무다레 루로루로 지따
하리다에 비사예 옴 부다나 부다
니 야등

107
나모 못다야 나모 달마야 나모 승
가야 나무 아리야 바로기제 사라
야 모지사다야 마하사다야 사가
라 마하가로 니가야 하리다야 만
다라 다냐타 가가나 바라지진다
마니 마하무다레 루로루로 지따
하리다에 비사예 옴 부다나 부다
니 야등

나모 못다야 나모 달마야 나모 승
가야 나무 아리야 바로기제 사라
야 모지사다야 마하사다야 사가
라 마하가로 니가야 하리다야 만
다라 다나라 가가니 바리지진다
마니 마하무다레 루로루로 지따
하리다에 비시예 옴 부리나 부다
니 야등

보회향진언

옴 삼마라 삼마라 미만나 사라마
하 자가라바 훔

사경 끝난 날 : 불기 _____ 년 ___ 월 ___ 일

다라니(진언) 사경 6

소원성취를 위한 진언

초판 1쇄 발행 2014년 11월 4일 | 초판 2쇄 발행 2016년 11월 18일
엮은이 편집부 | 펴낸이 김시열
펴낸곳 도서출판 운주사

　　　(02832) 서울시 성북구 동소문로 67-1번지 성심빌딩 3층

　　　전화 (02) 926-8361 | 팩스 (0505) 115-8361

ISBN 978-89-5746-397-0 04220

ISBN 978-89-5746-405-2 (세트)

값 6,000원